¡HABLÉMOSLO!

Guía de Sesame Street para resolver conflictos

MARIE-THERESE MILLER

ediciones Lerner ◆ Mineápolis

Todos experimentamos conflictos, hasta en Sesame Street.

Esta guía trae pasos simples para resolver conflictos y ejemplos que ayudan a los pequeños a aprender a darles nombre a sus sentimientos, comunicarse de manera eficaz, solucionar desacuerdos y renegociar las relaciones con sus amigos. Estas habilidades, que se aprenden con la compañía de sus amigos peludos favoritos, ayudarán a los lectores a resolver problemas con amabilidad e independencia.

Saludos.
Los editores de
Sesame Street Workshop

Contenido

Todos tenemos conflictos

Los conflictos se producen cuando dos personas no están de acuerdo. Es posible que tengas conflictos con tus amigos y familiares.

5 pasos para solucionarlo

1. Cálmate.

2. Habla sobre lo que te sucede. Usa frases que comiencen con "yo".

3. Piensa en un plan para resolver el conflicto.

4. Prueba el plan.

5. Si el plan no funciona, piensa en otro plan y pruébalo.

Un conflicto puede hacerte sentir enojo o tristeza. Eso está bien. Puedes contar hasta diez o abrazar a un amigo peludo para calmarte.

Cuando te calmes, habla con tu amigo o amiga sobre el conflicto. Puedes decir, "Me siento mal cuando no juegas conmigo".

Elaboren un plan con el que estén de acuerdo.
Luego prueben el plan.

Cuando alguien no comparte su juguete contigo, es posible que sientas enojo. ¿Qué haces para calmarte?

Deseas columpiarte. Tu amiga no se baja del columpio. Habla sobre lo que te sucede. Puedes decir, "¿Podemos turnarnos?".

Tu vecino quiere jugar a las traes. Tú quieres bailar. ¿Cómo pueden solucionarlo?

Tu hermana dice algo que hiere tus sentimientos. Puedes decirle, "Me sentí triste cuando me dijiste eso".

Tú crees que los perros son la mejor mascota.
Tu amigo dice que los gatos son mejores. No
es necesario estar de acuerdo. Es posible
respetar las ideas de los demás.

Todos tenemos conflictos cada tanto.
Es posible resolverlos.

25

¡Un descanso para los grandes sentimientos!

Estas son algunas maneras de calmarte:

Haz algunas respiraciones abdominales.

Canta una canción o haz un dibujo.

Haz ejercicio. Camina o baila como lo hace Zoe.

Toma un sorbo de agua.

Abraza a un amigo peludo.

Pasa tiempo con tu mascota.

Habla con alguien en quien confíes.

Elmo acaricia a Tango para calmarse.

Respiración abdominal

La respiración abdominal es una buena manera de calmarse.

Apoya las manos sobre el estómago.

Inspira profundamente por la nariz.

Luego deja salir el aire lentamente por la boca.

Tus manos se moverán hacia afuera y hacia adentro con cada respiración.

Continúa la respiración abdominal hasta que sientas más calma.

29

Habla sobre lo que te sucede

Estas son algunas frases que puedes probar cuando tengas un conflicto:

Me siento . . .

No me gusta cuando haces eso.

Vamos a turnarnos.

Hablémoslo . . .

¿Cómo podemos resolver el problema?

¿Cómo te sientes?

Glosario

calmarse: estar tranquilo o en paz

conflicto: cuando las personas discuten o pelean cuando no están de acuerdo sobre algo

escuchar: oír algo

resolver: encontrar una manera de abordar un problema

Más información

Colich, Abby. *Resolving Conflict*. Mineápolis: Jump!, 2022.

Miller, Marie-Therese. *Feelings Like Mine*. Mineápolis: Lerner Publications, 2021.

Miller, Marie-Therese. *Me encanta compartir con Comegalletas: Un libro sobre la generosidad*. Mineápolis: ediciones Lerner, 2024.

Índice

Créditos por las fotografías

Créditos de las imágenes: PeopleImages/Getty Images, pp. 4, 8; Jose Luis Pelaez Inc/Getty Images, p. 6; Cavan Images/Getty Images, p. 10; kali9/Getty Images, pp. 12, 16; wong sze yuen/Shutterstock.com, p. 14; FatCamera/Getty Images, pp. 18, 24; LightField Studios Inc./Alamy Stock Photo, p. 20; Image Source/Getty Images, p. 22; SDI Productions/Getty Images, p. 29.

Dedicado a mi querida Meghan Kathleen, que con su corazón solidario abraza a todos los niños y adolescentes

Traducción al español: ® and © 2025 Sesame Workshop. Todos los derechos reservados.
Título original: *Let's Talk about It!*
Texto: ® and © 2023 Sesame Workshop. Todos los derechos reservados.
La traducción al español fue realizada por Zab Translation.

ediciones Lerner
Una división de Lerner Publishing Group, Inc.
241 First Avenue North
Mineápolis, MN 55401, EE. UU.

Si desea averiguar acerca de niveles de lectura y para obtener más información, favor consultar este título en www.lernerbooks.com.

Fuente del texto del cuerpo principal: Mikado a. Fuente proporcionada por HVD Fonts.

Library of Congress Cataloging-in-Publication Data

Names: Miller, Marie-Therese, author.
Title: ¡Hablémoslo! : guía de Sesame Street para resolver conflictos / Marie-Therese Miller.
Other titles: Let's talk about it! Spanish
Description: Mineápolis : Ediciones Lerner, [2024] | Includes bibliographical references and index. | Audience: Ages 4–8 | Audience: Grades K–1 | Summary: "Everyone experiences conflict, even on Sesame Street! This guide comes with simple steps to help readers become kind and independent problem solvers. Now in Spanish!"—Provided by publisher.
Identifiers: LCCN 2023052562 (print) | LCCN 2023052563 (ebook) | ISBN 9798765623862 (library binding) | ISBN 9798765627983 (paperback) | ISBN 9798765631140 (epub)
Subjects: LCSH: Sesame Street (Television program)—Juvenile literature. | Conflict management—Juvenile literature. | Interpersonal conflict—Juvenile literature.
Classification: LCC HM1126 .M55518 2023 (print) | LCC HM1126 (ebook) | DDC 303.6/9—dc23/eng/20231204

LC record available at https://lccn.loc.gov/2023052562
LC ebook record available at https://lccn.loc.gov/2023052563

Fabricado en los Estados Unidos de América
1-1010260-51836-11/17/2023